JN411333

오늘의문학시인선 389

바람은 잠시 머물다 간다

이찬로 시집

오늘의문학사

국립중앙도서관 출판시도서목록(CIP)

바람은 잠시 머물다 간다 : 이찬로 시집 / 지은이: 이찬로.
-- 대전 : 오늘의문학사, 2017
p. ; cm. -- (오늘의문학시인선 ; 389)

ISBN 978-89-5669-808-3 03810 : ₩9000

한국 현대시[韓國現代詩]

811.7-KDC6
895.715-DDC23 CIP2017007319

바람은 잠시 머물다 간다

장모님의 소천으로 가슴 아파하고 있는
평생의 반려자 김옥희 여사에게
위로와 사랑으로 이 시집을 바칩니다.

■ 序詩

왜 그리 하늘 아래가 시끄러운가?
무엇이 그리 잘못돼서
TV와 신문에 할 말이 그리 많은가?
삼천리 금수강산,
행복을 꿈꾸는 삶
너도 나도 함께 사는 세상
대청호 맑은 물과 같은 마음으로
큰사람 큰길로 허튼소리를 참자.

날마다 해가 뜨는 우리나라
해마다 활짝 피는
꽃향기에 몰려드는 벌 나비
태풍이 사고 쳐도
바른 길 큰 강물 줄기 따라서
우리의 법,
물과 같은 올바른 마음
대쪽 같은 올바른 판단으로

백두산부터 한라산까지
구름을 골고루 살피며 살자.

우리나라 우리 민족
어른부터 아이까지
우주를 향해 전진하기 위해
시골마을 늙은이가 듣는
새소리 물소리로
권력과 황금의 유혹을 달래며
대청호의 그늘
한 마리 외로운 까치처럼
항시 바른길로 나아가리라.

2017년 3월
열수 이 찬 로

오늘의문학 시인선 389

바람은 잠시 머물다 간다

1부 구름이 가는 길

2부 단풍잎은 곱습니다

3부 카페 창가에서

4부 새천년 까치소리

1부

구름이 가는 길

정 하나에 정 하나를 더하면 꿈
꿈 하나에서 하나를 빼내면 사랑
거기에서 무언가 있다면 그리움
언젠가 그걸 빼내도 오늘 하루

잊기로 했네

오던 길로
돌아가네.

다
버리기로

다
없애기로

다
지우기로

세상살이
아무것도 없던 일로

그렇게
하기로 했네.

식장산의 까치소리

고향 생각 간절하면
식장산을 찾는다.

청량한 물소리는
사랑이고 희망이다.

해돋이 마중하면서
목청 높인 새 다짐.

식장산을 걸으면서
외로움도 날린다.

산새 노래 들으면서
슬픔까지 나눈다.

그리움 다시 살리며
눈빛 초롱 새벽별.

* 연시조

구름이 가는 길

하나에 또 하나를
더하면 둘이 될까?
하나에서 하나 빼면
영이 되어 고독할까?

곱하고 나누는 것이
우리들의 인생사.

정 하나에 합치거나
작은 정에서 빼거나

꿈 하나에 곱하거나
작은 꿈에서 나누거나

있어도 없는 것처럼
마음 새긴 무소유.

* 연시조

산과 바다

구름처럼 떠 있다가
생각은 없어진다.
산에는 흙으로 쌓여 있고
바다에는 물이 가득하구나.

하루의 삶이란
너로 말미암아 또 누가
나로 인해 누군가 사랑하는 것,
앞으로 받을 고통도 있는 법.

좋아하고 사랑하면
세상에서 짐이 될 수 있지.
저기 저 큰 나무와 꽃을 보자,
살면서 쌓아놓은 뜬구름이지.

술 한 잔에 취해보자.
산도 바다도 사는 것은 아니다.
살다 가는 것은
이 시간 네가 맞구나.

어머니 생각

고향 가는 길, 골령재를 넘는다. 내 꿈은 이어지고, 땀방울 식혀줄 샘의 약수로 목을 축이며 정상에 오르면 시원한 바람이 반긴다.

고향 경계, 가파른 정상에서 내려다보면, 바로 눈앞에 보이는 빨간 함석집이 우리 집이다. 어머니와 형제들이 그곳에서 나를 기다린다. 꿈을 꾸면서 그 재를 넘는다. 발을 옮기는 짧은 순간, 어머니와 하느님께 소리 없이 감사드린다. 길섶의 독이 오른 독사의 까만 눈망울이 나를 잡아 삼킬 듯이 노려보고 있었다. 순간 온몸에 식은땀이 흐른다.

어머니 생각을 하지 않았다면, 나는 골령재 독사의 희생물이 되었으리. 식장산을 바라보면, 어머니의 환한 미소가 어제런 듯 떠오른다.

용운동 탑제

용운동 고층아파트 입구
맹인 촌 작은 언덕 그 허술한 주택가
어머니 아버지 닮은 작은 돌멩이에
매년 정월 열 나흗날이 되면
새울 사람들 모두 모여 장승을 맴돈다.
덩실 덩실 춤추며 복을 빈다.

언제부터인가 이 동네 수호신,
할머니 할아버지에게 제사 지내는 날
동네 사람들 제물 차려
한마음 한뜻으로 구름속의 용을 새기면서
그렇게 두 손 모아
가슴의 소원을 담으며 절한다.

하얀 소지 한 장에 불을 붙여
국가와 지역의 번창을,
또 다른 소지 한 장에는 건강과 행운을,
마지막 소지 한 장에는 오늘의 사랑을,
정성 담아 달에게
너와 나의 소원을 올려 보낸다.

이 동네의 모든 질병 물리치소서.
이 동네가 일 년 내내 태평하게 하소서.
오늘의 삶에 충실한 가가호호 대주의
일 년 신수가 대길하게 하소서.
매년 이웃들이 그랬듯
용운동 사람들은
달을 보며 돌장승에 축원을 올린다.

두 손 받들어 소지 축원을 드리면
하얀 소지는
밝은 희망의 불로
보름달을 향해 높이 오른다.
젊은 남녀 한 쌍이 사랑의 눈빛으로
대학로 푸른 공원에 숨어든다.

곤룡재의 옹달샘

숨 가쁘게 비좁은 산길
다리 아프게 오르고 또 올라야 하는
내 고향 곤룡길, 입이 타면
더 빨리 다다르고픈 옹달샘.

그 외로움 하나 샘번지에서
물 한 모금 시원하게 마시고
보은군 속리산 말티재 넘어가듯 꼬불꼬불
사랑을 느끼며 위험하게 오른다.

어머님께 드릴 작은 선물을 준비하여
어린 가슴 뿌듯하다.
멀리 보아도 웃는 어머니의 인자한 모습
높다란 정상 서낭당에 우뚝 선다.

땀 식혀주는 고향집
반기는 바람처럼 단숨에 내리닥치면 거기에
우리가 태어난 곳의 가을 들녘 길가에
누런 벼가 알알이 익는다.

고향 서성골

꿈이 서린 고향이 그립다.
보고 싶은 사람은 떠나고
추억의 그림자만 맴돌아도
어머니 품속이 그립다.

우리 집은 서화 팔 명당,
원초적 향수를 자아내는
마을 뒤 세 봉우리에 제자들을 앉히고
초당에서 글을 가르치시던 아버지.
맑은 시냇물에 빨래하던 여인네들
다슬기 잡던 꼬마 계집애들,
어둠 속에서 귀뚜라미 애타게 우는데
보름달은 그녀의 마음을 읽었을까.

예쁘고 다정하던 사람,
다 지나간 세월인데
어머니도 그녀도 없는 고향 길을 나는
오늘도 꿈꾸듯이 그 길을 걷는다.

골령재에서

고향 군서에서 대전을 가기 위해 이 재를 넘었습니다. 풀섶길을 헤치며 꿈을 위해 이 재를 넘고 또 넘었습니다. 어린 시절 대전 장에 가신 어머니와 멀리 가 계신 아버지를 생각하며 이 재를 꿈처럼 넘고 넘었습니다. 산을 넘으면 넓은 땅 대전이 보이고 길처에 목을 축일 수 있는 샘번지라는 자그만 샘이 있었습니다.

행운인가, 행복인가, 마을사람들은 모두 힘에 겨운 짐을 이고 지고 힘겹게 넘나들었습니다. 어린 시절 대전을 보기 위해 이곳을 넘을 때는 기분이 좋았습니다. 대전에서 중, 고, 대학에 다닐 때는 어머니가 그리워서 밤낮없이 이 고개를 넘었습니다. 어느 때는 몸 무거운 아내를 앞세워 고집스레 이 재를 넘나들었습니다.

어쩐 일인지, 이 고개 너머에 직장을 잡았을 때는 나를 스스로 길지기라고 했습니다. 옥천으로 가는 길이 열리어도 나는 늘 우리 동네 사람들의 길지기였습니다. 내 눈에 빤히 보이는 곳인데도 이 재는 그렇게 무섭고도 멀게 보입니다. 걱정거리가 있을 때는 어김없이 이 재를 넘나드는 꿈을 꾸기도 합니다.

봄에

꽃과 나비가 만나려면
봄꿈밖에 없었지.

둘이는 그렇게 만나서
오늘은 아니고
내일, 모레, 꿈에서 살았지.

밤은 매일 오는데
그러다가 어느 날
꿈속에서 또 꿈을 꾸었네.

꿈이 아니었음을 알면서도
꿈속에서 꽃을 보려고
사내는 몽정을 하였네.

한낮에도 꿈을 꾸며
둘이는 같이 가고 싶었네.

하판리 가는 길

시외버스를 타고 보은 상판리에서 내려서 걸어가는 길은 속리산로 옆 둑방 갈대가 우거진 숲입니다. 하천은 갈대로 뒤엎여 물고기를 찾으려면 신발을 벗어야 합니다. 봄날이라 살구꽃과 벚꽃이 만발한 몇몇 그루가 길을 막고 이팝나무 하얀 꽃이 꽃다발을 이루어 진한 향을 내품으며 벌과 나비를 기다립니다.

오늘은 혼자서 '내 묘소'가 정해진 선산을 찾아갑니다. 칠순을 맞이한 해입니다. 행복한 여행입니다. 한가한 오후입니다. 지나간 시간들이 떠오릅니다. 말만 걸어와도 아는 사람이고, 눈빛만 마주치면 사랑하는 사람이고, 같이 술을 한 잔 하다보면 다정한 친구이고, 여행이라도 같이 떠난다면 한 가족이지요.

인생이란 사내와 계집애로 굳이 예식을 올리면 한 몸 한 가정, 같은 지역에서 태어나면 친근한 고향사람입니다. 같은 성을 가지면 일가이고 같은 부모에게 태어나면 한 형제, 한 남매, 같은 마을에 살면 언제나 다정한 이웃사촌, 어렵게 인연으로 만난 사람은 잊지 못할 연인입니다.

너와 나 서로 다투며 사는 것도 때론 즐거운 이야깃거리, 사랑하는 사람 간의 싸움은 그림으로 그려보는 꿈, 삶에는 불행과 행복이 더불어 있습니다. 핸드폰으로 찍어 보낸 갈대밭 풍경은 눈으로, 몸으로 체험하는 것입니다. 세상은 내 눈으로 보고 느끼며 살아봐야 알 수 있습니다.

"살자! 오늘도 건강하게 있자! 세상을 가슴으로 느끼며 살자!" 누구나 손을 내밀면 친구가 되고, 살기 위해 다툰다면 선의의 경쟁자, 그렇게 살다가 힘이 없어지면 오늘은 맑은 개울 속 물고기가 되고 싶습니다. 아무래도 숨어있는 우리들은 인생의 동반자입니다.

갈대가 우거진 그 숲속에 우연히 숨어들어 사랑을 나누던 그 처녀의 체온, "오늘도 맑은 물속에서 목욕을 하고 싶단 말이지. 나와 같이 살고 싶단 말이지. 그 흔한 물고기들은 어디 갔어?" 한가하게 노니는 작은 물고기를 찾아봅니다.

모덕당 제실에서 뒤뜰에 널려있는 순한 새싹 두릅을 따 소주 한 병을 비우고 집에 왔습니다. 살아있는 대전과 '죽어서 지낼 집' 사이, 버스를 타고, 또 걸어서 두 시간이 걸립니다. 그 두 시간, 길고도 짧은 물과 바람의 흐름 같은 것, 모두 세월의 일기장에 기록하고 있었습니다.

바람이 떠나간 길목에서

오늘이 또 내일로 이어져도
어차피 하루의 삶인데.

그 소녀, 정말
이제
알고도 모를

꿈에서 깨어나면
또 새로운 오늘일까.

행복한 하루의 길목에서
나는
봄바람을 기다리는데.

판암골 단오제

행복한 동행, 즐거운 젊은이의 노랫소리가 힘차게 들린다. 한 바탕 폭죽이 탕탕 연달아 터지면서 젊은이의 율동이 조명에 반사되어 보기 좋게 펼쳐지고, 아기들의 귀여운 놀이가 조심스레 시작되자, 칸칸이 닫혔던 아파트 창문이 일제히 열리고, 새 살림을 시작한 애기 부부가 인사를 한다.

해마다 오월 단오가 되면 2백 년 된 버드나무에 그네가 걸렸었지. 열여덟 아가씨는 하늘을 날고 스무 살 총각은 힘자랑을 하였지. 풍물 가락이 솔배재를 오르내리며 사람들을 부르는데, 눈이 맞은 청춘 남녀는 배나무 골로 숨어들었지. 그래! 그래! 새해 새봄 개나리 살구 꽃 등 봄꽃이 피면 쌍청골 정자나무에 그네를 매자. 판교 네거리에는 가마솥을 걸고 따뜻한 국밥으로 사랑을 나누자.

풍물가락 어절시고 솔배재에 울리면 마음 착한 판교 사람들 하나가 되자. 갈 곳 없는 막다른 골목에서도 오늘은 사랑을 나누며 행복해 보자.

시골길

처음에는 아파서 울었고
다음에는 배고파서 울었고
그 다음은 배터지게 먹고서
둘이 좋아서 살았다.

청년은 노동으로 세월을
높이 쌓았고
노년은 소주잔을
밤이 다가도록 세어가며
즐겁고 재미있게 살다가도
또 이별이 괴로워서 울었다.

언젠가는 가는 길인데
어렵다고 아프다고
살다가는 길이 외롭고 쓸쓸해도
비 오고 바람 부는 날에는
봄꽃이 연애하는
상상을 하며 부르르 떨었다.

용운동의 까치소리

우리가 사는 마을
식장산에서 아주 가까이
판암동 배수지 언덕에서
하루를 시작하는 밝은 해가 뜹니다.

늘상 하루의 해가 떠있는 동안
우리는 더불어 살고 있기 때문에
세상에 있는 작은 생명들이
꿈과 희망을 이룰 수 있습니다.

높이 떠오른 밝은 해가
너른 대청호 곁 우뚝한 식장산
모두 사랑하는
작은 새와 물고기가 함께 꿈을 꿉니다.

우리는 해와 같이
세상을 밝히는 희망입니다.
문득 하늘을 바라보니
붉은 해가 보문산을 넘습니다.

판암골 이별

가겠어요, 기회가 되면 또 만나요. 그냥 떠날게요. 온 것도 아닌데 떠나다니, 만나본 것도 아닌데 이별이라니, 좋아한 것도 아닌데, 사랑한 것도 아닌데, 이별은 슬픔인데, 우리 슬픈 이별을 하다니.

웃음으로 만났다가 웃음으로 헤어질 수는 없나요. 악수한 것이 어제 같은데 오늘 이별이라니, 잘 있어요. 이제는 안 올게요. 이제 정말 당신 곁을 떠나요. 당신의 마음에서 미련 없이 떠날게요.

당신의 기억에서 나를 지워요. 나를 좋아한 것도 아니었다고, 당신을 사랑한 것도 아니었다고, 나의 마음을 준 것도 아니었다고, 한마디도 하지 마세요. 슬픈 이야기는 더욱 말아요. 미련 없이 떠날게요.

혼자서 그리워하고, 혼자서 사랑하다가, 그냥 갔다고 그렇게 기억해요. 올 때 그냥 왔으니 갈 때도 그냥 갈게요. 나는 단지 꿈속에서 당신을 사랑하였군요. 다시는 꿈을 꾸지 않겠어요. 사랑의 꿈을 꾸지 않겠어요.

살다보니

무엇을 주려하느냐?
그래 얻는 것이 있다더냐?
한바탕 낮 술 한 잔 하고
막힌 속도 시원하다.

영광이다.
그런 시간을 갖는다는 건,
서로의 의사이나,
억지로 맞춘 일치이다.

더러 살다보니
세상이 꽃처럼 좋아진다.
뜻도 있어 살 수 있다면
참 좋은 순간이다.

지나간 일 망각에도
기분이 살아난다.
다시 고향의 어린 시절
골룡재로 돌아간다.

좋은 사람처럼

작은 단풍나무
아침 햇살에 여린 잎을 흔들며
반갑게 인사를 합니다.

누가 심었는지
언제 자랐는지
제법 발그레한 초등학생 볼처럼
생기 넘치게 반짝입니다.

그 옆에 서서 하루를 묵상합니다.
어린 것이
상처입지 말고 자라라고
오늘도 행복하라고 기도합니다.

푸른 5월, 이슬이 차갑고
아침바람이 서늘해도
좋은 사람처럼 웃고 있는
작은 단풍나무와 눈빛을 나눕니다.

어수선한 세상에 지친 나도
여린 잎에서 반짝이는
윤슬처럼 저렇게 흔들리고 싶습니다.

풍경 속의 시간

어제저녁에는 꿈을 꾸었습니다. 살아있는 인간으로서, 집 밖에서 막차를 기다립니다. 듬직한 자식들과 출세한 리무진으로 들어설 고향땅, 부모님이 계신 하나뿐인 새 집, 영원히 거처할 곳으로 갑니다.

꿈을 꾸고 있습니다. 사랑을 하고, 행복하다가, 사람들이 출세하고 돈을 벌고 나에게 사기를 쳐도, 그저 그런데, 지금은 우주의 모든 인연들이 신나서 웃든지, 슬퍼서 울든지 그건 알 바 아닙니다.

또 새벽에 꿈을 꾸면, 모든 것이 진행인지, 끝인지 시작인지, 순간 아 몸에 흙이 뿌려지고 새집에 잔디가 입혀져 같이 있던 사람들이 하나 둘 가버리면, 내가 쓰던 이름도 알지 못할 옛사람이 될 겁니다.

더불어 행복해지고 싶었는데, 당신을 사랑하고 싶었는데, 한세상 마시고 춤추고 싶었는데, 그대에게만은 진짜 잘해주고 싶었는데, 마음으로 모든 것을 바치려 했는데, 천둥과 비바람이 꿈을 깹니다.

2부

단풍잎은 곱습니다

스쳐가던 울적한 사내
고운 단풍나무 옆에 서서
잎을 만지작거리며
어머니 손길을 만납니다.

새 꽃이 피었습니다

화창한 봄날 3월 첫 주 일요일
현충원 너른 뜰에 한 송이 꽃이 피었습니다.

6.25의 비극, 은하수, 뜨거운 세상살이
한 줌의 재로 남았지만, 영혼은 영원합니다.

신탄진 산속 맑은 공기의 도움도 잠시
돌아가는 길, 천사를 따라 가셨습니다.

판암동 4단지의 겨울은 매년 그렇게 추웠고
80대 노구의 하루는 더디어도 삶은 짧았습니다.

아내의 어머니로, 부족한 사위의 장모로
영원한 핏줄로 연결된 인연이셨습니다.

정유년 삼일절, 오늘은 당신의 슬픈 꽃밭에서
온 가족이 절절한 눈물로 배웅합니다.

* 장모님의 영전에 이 시를 바칩니다.

비와 어머니

비가 오는 날이면
우산을 쓰고 하천변을 걷습니다.
차들은 빗물을 마구 튕기면서
어디론가 급히
누군가를 만나러 가는데 나는
혼자서 천천히
아주 천천히 냇물 속을 보면서
오래도록 서서 어머니를 생각합니다.

"어머니!
지금 무엇하고 계세요?"
"아들을 보고 싶지 않으세요?"

가끔씩 비가 오는 날에는
창가에 기대어 깊은 생각을 합니다.
내가 왜 지금 여기에 와 있는지,
잘하고 있는지,
실수하고 있는 일은 없는지,
그러다가는
어머니의 젖가슴이 그리워지기도 하고

맑은 목소리를 듣고 싶기도 하고
못다 한 효도를 후회합니다.

그러다가 어머니!
오늘같이 비가 내리는 날이면
어릴 적 그 품이 그립습니다.

삶은 그래도

어머니
해질녘 고향 하늘을 멀리서 바라봅니다.
문득 어머니의 뒷모습이 보이면
옛 생각이 나서 가슴 아파 울기도 합니다.

푸섶길 곁의 조그만 나무는
아주 큰 아름드리로 키웠는데
오르기 어렵던 뒷동산이
작은 키에도 얕아 보입니다.

식장산에 오르면 빤히 보이는
저기 저곳이 우리가 살던 서성골
내가 태어난 고향땅
우리들이 같이 살던 그리운 집입니다.

이제는 모두가 흩어진 공터에서
나 홀로 큰 소리로 불러봅니다.
늘 거기에 원하는 것들이 있었는데
이제는 불러도 대답이 없어요.

어머니
그저 세월은 그렇게 조용하게….
길가에 아무렇게나 자란 푸성이
마음을 기쁘게 하나 봅니다.

가족사진

고향집 돌담장 애호박은
혼자 늙지 않는다는
일기 속의 시,
축하의 현수막이다.

두 여동생과 오형제
엄마 아빠의 며느리와 사위,
다시 보는 것 같은 가족 드라마.
꼬마 총각과 키 큰 새댁의
믿음직한 아들 하나와 발랄한 딸 둘
그들이 데리고 나타난
사위와 며느리의 사랑이야기.
칠형제에 두 남매
손자 넷에 손녀 둘
살아온 세월 속 장편소설.

둥지 떠나온 늙은 까치는
오늘은 어디로 향할까?
즐거운 소풍도 잠시
오늘도 이별의 시를 쓴다.

아내의 거짓말

“거짓말이야. 그게 거짓말이야. 솔솔 찬바람 부는 늦은 가을날 예쁜 낙엽이 하는 말은 거짓말이야.” 세상의 꽃처럼 당신은 나를 걱정하고 있지. “사랑하는 여보한테도 짐이 되지요. 미안해요.” 다음 봄이면 소풍 길에서 꽃과 나비처럼 당신을 기다리다 만나줄게.

이 말은 진실이었으면 좋겠다. 왜 이렇게 눈물이 날까? 작은 애기야, 네 언니도 우리 가족이니까, 언니까지 미워하지 말고 그냥 용서해. 이런 생각만 해도 눈물이 자꾸 나네. 나 없다고 울지 말고 작은 애기야. 우리 아기천사의 결혼식에 꼭 참석하렴.

아름다운 세상 하늘나라, 우주에 나 먼저 가서 살면서 우리 가족들 도와줄게. 그런데 말이야, 아픈 데가 너무 많단다. 봄 꽃동산에 행복해야 할 가족들에게 피해만 주어 민망하다. 우리 아가 어떻게 해? 딸아 사랑한다. 여보, 눈감고 생각해보니, 내가 언제부터인가 짐이 되는 거 같아.

생각은 그러네. 또 시냇물 졸졸 흐르는 물도 강에서 만나 큰물이 되지. 인생도 시냇물처럼 졸졸 흘러서 서로를 사랑하면서 흐르는 것처럼, 눈을 감으니 저기 바다가 보이네. 대천 앞바다, 이제 더 흘러가면 더 넓은 태평양에서 만날 것 같은데 말이야.

왜 그럴까. 여보, 이상해. 여보, 내가 여기 꿈속의 궁전에서 말썽을 저질러, 방에서 나가지를 못하고 있어. 그까짓 것 하나로, 내 인생은 벼랑 끝에 서 있는 것처럼, 속 타는 마음은 인생까지 놓고 싶다. 하긴 이것도 거짓말일지 모르지.

나를 사람처럼 살게 하고 싶어서 그렇게 고생만 했지. "여보 사랑해요. 감사하고 또 감사해요. 여보 나 해방, 아니 자유롭게 살게 해 달라고 말 안 해요." 멀리 여행이나 가고 싶은데, 아니 그게 아니고, 당신과 함께하는 여행을 꿈꾸고 싶을 뿐이지.

내 인생이 연극이라면 우리 집에서 종치고 싶다. 이왕에 친구들과 같이 적응을 하고 싶지만 안 된다. "여보, 사랑하고, 여보 품에서 오래 오래 있고 싶지만, 아니 잠깐이라도 함께 있었으면 해요." 그러다가 이젠 하나의 별이 되어 저 넓은 세상 하늘 여행을 떠나려 한다.

우리 아가들, 나를 사랑하고 볼에다 뽀뽀하고, 내편에서 자라왔지만 이제는 싫어질 것 같아. 나의 사랑하는 딸아! 모처럼 펜을 드니 이상도 하지. 우리 작은 아기를 두고 머나먼 그 여행길 가려하니 낙엽에 고여 있던 작은 이슬이 수없이 흐른다.

애기야, 우리 딸아, 그래 너도 이제는 다 컸으니 네 인생 알아서 잘하겠지. 나 없다고 울지 말고 잘 살아. 내가 무슨 잘못을 저질렀다고 자기들끼리 알 수 없는 회의까지 하고, 여기에서 우울증이 깊어지고 있다. 차라리 이 인간들의 지옥을 떠나려고 한다.

왜 나 때문에 행복해야 할 식구들이, 나 때문에 고생을 해야 하나. 며칠만이라도 좋으니 집에 데리고 갔으면 한다. 니 언니도 추석 때 못 보고 어린 손자도 얼마나 보고 싶은지 아니? 이번 토요일에 만나서 이야기하자.

내 딸아 정말 미안하다. 사랑한다. 고맙다. 직장 다녀야 하고 부모에게 효도하는 너를 생각하면 정말 고마워. 아마 우리 딸은 하늘에서 우리에게 주신 천사야. 엄마 보고 싶고, 너도 엄마가 보고 싶을 때, 우주여행을 즐기는 함께 찍은 나의 활짝 웃는 사진을 보고 잘 이겨야 해.

모든 게 거짓말이다. 아니다. 세상살이, 하루는 해처럼, 하루는 달처럼, 하루하루 인생길은 거짓말로 살다가 가는 것이리라. 꽃은 피었다가 지는 것이리라.

봄이 또 온다면

봄이 오면, 여름이 오고, 가을이 가면, 어김없이 겨울이 온다. 하늘에 먹구름이 있고 거리에 바람이 불어도, 우산을 쓰고 거리를 걷고 싶은 그런 날, 그게 꽃이 피는 봄이라면 좋았지. 어느덧 잎이 피고 줄기가 무성해지면, 가을엔 탐스런 열매가 열리고 나면, 눈이 내리는 낭만의 계절 겨울이 틀림없이 온다.

이제는 떠날 시간, 긴 기다림이다. 가족이 올까 기다리다 그 시간을 참지 못하고 숲속의 유리창을 내다보며 그리운 이들을 기다리고 있다. 창밖은 무수한 나무의 잎들이 생명을 다했는지, 창밖은 눈꽃처럼 물든 낙엽이 하나 둘 떨어지는 알 수 없는 풍경이다.

보내야 한다. 끝을 내야한다. 이제 더 살 수 없는 고통 속의 짐을 챙기면서 또 눈물이 난다. 아내와 아들을 앞세우면 굳은 마음으로 나가고 싶다. 가족이 버린 남편, 아들이 버린 여자, 죽도록 살고 싶은 아줌마, 많은 사람들, 길고 긴 삶과 사랑, 낙엽은 지는데 행복을 구하면서.

단란한 가정, 행복으로 가득한 우리 집, 그 때 그 심정, 나는 소화할 수 없어 눈물이 나온다. 거기 지금은 누구인가? 아내는 내가 답답하다고 생각했는지, "울보야!" 하면서 "울면 집에 안 데리고 간다."고 했다. 내 마음은 언제나 집을 떠나온 기러기 같다. 혼자라는 그것 때문에 운다.

한 잔의 술이 그립다. 꿈속에서 우는 것도 누구를 의식하면서 울어야하나 생각이 깊어진다. 누구나 거쳐야 하는 이곳 독방에 있으면 안 되겠구나, 나 스스로 느낀다. 그런데 말이야. 지나간 날들이 꿈속에서 살아날까.

이번이 마지막 기회라고 생각한다. 가족과의 생이별, 그리고 긴 기다림의 시간들, 나는 혼자라는 그 속에 다시 들어가기 싫다. 이별이란 단어, 언제부터, 둘러 가려진 그물망 속에서 그대 그리워 말자.

"아프면 안 돼요. 물음표 같이 있게 해주세요." 그러다가 쉼표, 내일을 위해 따옴표, 그리고는 당신은 진정 몰라. 가운데 점, 그러다가 가끔씩 눈물이 나지. 이음표. 이제는 겨울이 오는 거리에 비가 내리네. 마침표 낙엽의 거리. "삶은 아니 인생은 본전이다."

나는 집에 도착했다. 하늘은 높아 보이고, 흔들거리는 땅을 걸으면서, 보고픈 이, 그 누군가에게 집에 왔다고 통화를 하고 싶은데 핸드폰을 사용할 줄 모르고 살다니. 이러다가 삼, 사, 오 그래 육이란 숫자에 불과한 나이가 두렵다. 모든 사람들을 그리워하면서 살자. 인생이란 순간이다.

얼마나 사는 것이 중요한 것도 아니다. 성탄절을 지나, 생일날이 오고, 설날이 가까운데, 찬바람 불고 눈이 오는 길목을 알지 못한다. 바람이 어디에서 불어올까, 생각을 가다듬어도 보이지 않는다.

한여름 밤의 꿈

그 소녀가, 그 처녀가
나의 여자가, 애들의 엄마가
아주머니가, 할머니가
사람으로 살아가네요.

지난 세월 꿈속을 돌아보니
큰일도 없고
작은 일도 없어요.
남에게 욕도 하지 않아요.

내 새끼 결혼하고
그 애기가 아기를 낳으면
엄마라는 이유에서
피곤해도 참고 돌보지요.

인연을 소중하게 여기는
사랑하는 내 아내는
아픔 속에 꽃을 피우지요.

친구 곁에서

그는 나의 술 친구다.
그는 나의 말 친구다.

서로 서로 위로하다
다시 할퀸 귓바퀴

그래도 우린 사랑한다.
힘없어도 잘 산다.

세상이 너무 험해
죽겠다는 친구 보며

눈빛을 교차하며
술 한 잔을 나누며

굶어도 이승이 좋단다
손을 잡는 따스함.

* 연시조

꽃나무를 보며

새봄에 땅을 파고
꿈의 나무 심었다.

잘 자라라 기도하며
물을 주고 가꾸었다.

햇볕이 뜨거울까봐
갈대발도 씌웠다.

돌아보는 세월 따라
부쩍 자라 꽃 피웠다.

꽃송이 향기 맡으며
보람 또한 컸지만

내 정성 내 사랑보다
하나님의 은혜다.

* 연시조

아무도 없는데

돌아서려는데
멀리 떠나가려 하는데
붙잡는다.
끈끈한 정과
짜릿한 감정의 순간들이
내 마음을 돌리려 한다.

바람소리 물소리도
내 귀를 건드린다.
오랜만에
사랑의 공허를 채우네.

세월, 그것이 인생인가
슬픔의 소리가
내 마음을 어지럽힐 때
그 누가 붙드는가?

아무도 없는데
그대만 이곳에 있었구나!

작은 별 하나

늘 행복한 생각뿐
해맑은 정신

처음처럼
내가 가족에게
가족이 내게
사랑과 희망이기를!

내가 친구에게
친구가 내게
배려하는
반가운 웃음이기를!

쳐다본 눈빛들
행복한 얼굴들
작은 별 하나
그리고 생각 하나.

외딴 마을의 기도

내 마음이 왜 그럴까,
하루가 길어진다.
너와 나
가끔 싫어질 때가 있다.

나이 들어 혼자가 되어
가족들이 멀리하니
요즘에는 왜 이럴까,
세상이 싫어질 때가 있다

생각이 너무 많은가?
잠이 오지 않으니
옛날 하늘이 그립다.

삶은 언제나

아주 어린 시절, 내 나이도 모르던 때, 지금은 기억에서조차 사라져 없어질 것 같은 희미한 꿈의 추억들이 있었습니다. 어린이가 느끼던 것은 진한 어머니의 사랑, 아버지는 언제나 그렇게 떨어져 있어, 우리 형제들에게 부모님은 그리움의 눈물이었습니다.

어머니는 고향 시골구석에서 홀로 농사지으시면서, 우리들을 위해 늘 고생의 역사를 이어가셨습니다. 고생하던 어머니, 꼭두머리를 자르고, 신식 파마하던 날, 어머니의 예쁜 얼굴을 바라보면서, 홀로 있다는 것이, 얼마나 외로운 것인가를 슬픔으로 느꼈습니다.

열심히 공부하고 빨리 스무 살이 되어, 어서 빨리 돈을 벌 수 있는 성년이 되어, 내가 어머니의 고생을 덜어드리리라 맹세했습니다. 어린 꿈은 오늘도 재방송입니다. 나의 작고 소중한 꿈을 이루지 못했지만, 난 지금도 어린 시절의 꿈을 기억하고 있습니다.

꿈은 그래도 남아서

비가 오는 날입니다. 넓은 마당이 있는 서실에서 생각에 잠겨봅니다. 난 알 수 있습니다. 핸드폰의 전원을 꺼놓은 그 사람의 속사정을 난 알 수 있을 것 같습니다.

누군가의 이름을 들먹이는 속마음을 난 알 수 있습니다. 겪어 보면 다 자기세상, 자기생각으로 저 혼자 살아가는 것, 그대는 왜 불평을 하고, 나는 왜 욕심을 내는지 잘 모릅니다.

전화기를 들었다가 그냥 놓고 말았습니다. 시간은 지나갑니다. 오늘도 그리운 이 만나고 싶으면서도 두려움에 신경을 쓰고 있습니다. 그대는 어느 별에서 웃고 있는지요?

가을비는 소리 내어 줄줄이 나를 찾습니다. 꿈 속 같은 사랑은 누구도 모른다고, 이 세상 소풍 길, 나는 당신이, 당신은 내가 행복하면 좋겠다고 서로 바라보고 있습니다.

행운 길

사는 것은 길이다.
가는 방법
사는 이치
그 길을 잘 가는 것이다.

오는 길, 머무는 길
가는 길에
사랑으로 실천하는 것,
삶은 순리다.

행복은 자연의 질서
천둥치며
비 오는 오늘도
당연히 궁금하다.

지나온 길 뿐만 아니라
가는 길도 알아야 하리.
사랑은 그러한 것
세상을 떠도는 것.

오늘도

오늘도 살기 위해 찾아먹자.
앞동산에 오늘도 해는 뜬다.

하루를 살기 위해 즐기자.
네가 없으면 맞이할 친구도 없다.
한 잔을 마시면 세상이 행복하다.

꿈길에서 노을을 그려보자.
내일도 사랑이란 해는 뜨겠지.

그 질긴 인연을 찾을 수 있을까?
네 뜻대로 살다가
내 뜻대로 긍정하는 우리들이.

숲속의 궁전

난 여기에서 살고 싶다.
힘없는 사람들은 새 가슴으로
거기, 무서운 세상에서
강자들의 섬을 찾는다.

인간으로서
외로움과 환멸.
하늘과 땅에 버려진 생명들,
닭장이란 그물망 속의 힘 싸움.

꿈속 농담 그리고
더러운 경쟁자 친구들
막상 그러하니
싸움터의 패장처럼 미안하다.

나비와 훨훨 날고 싶다.
국화꽃이 제발 지지 않게
벗어나야 해
여기 섬이란 외딴 세상을.

같은 생각 다른 얘기

오늘 하루도
가정과 사회와 국가가
잘 되기를

아픈 곳이 많다. 남의 말 듣지 않고 자신의 말 밀고 나간다. 텔레비전과 같이 있으면 무언가 불안하다. 변화가 무섭다. 근거 없는 잡학다식에 귀가 얇다. 욕심이 많다. 엄살이 심하다. 편견 또한 심하다. 이기적이다. 개인적이다. 입맛이 까다롭다. 냄새가 난다. 고집이 세다. 걱정이 많다. 그가 머물다 가는 곳에는 재활용품이 가득하다.

깜깜한 밤에
꽃처럼 예쁜 별을 찾아
떠날 수 있기를.

3부

카페 창가에서

그렇게 가라고
서둘며 살며
아주 긴 여행처럼 떠나려 한다.
영화의 이별 장면
여기가 종점이다.

호수에 비친 그림

밤하늘 아래 별들을 바라다보며, 어두움 속에서 잠시 생각에 잠기었습니다. 그녀가 그립네요. 세상 사람들 모두 잘들 사는데, 나 혼자만 어둠 속을 외로이 떠다니는 것 같습니다.

당신과 함께라면
얼마나 좋을까?

사실 오늘 같은 날이면, 다른 것 모두 접어 두고, 저 하늘 아래 따뜻한 차 한 잔 마시며 그녀와 이야기 나누었으면 좋겠습니다. 늘 보고 싶은 마음에 스스로 별이 되어 갑니다.

카페 창가에서

조용히 있다가 가리.
말없이 가리.
그래, 네가 살던 곳
끝이 없는 허공으로 나는 가리.

철 따라 거쳐 간 곳
아무 표시 없어도
작은 소리 안 나도
순한 나비 한 마리 스쳐 지나듯.

그렇게 가리.
서둘지 않고
아주 긴 여행처럼 떠나리.
영화의 이별 장면처럼 가리.

여기가 종점이다.
서글픈 양심에 거슬려도
참고 버티는 그날에
수줍은 봄꽃처럼
다시 와 웃을 수 있을까.

그대가 그리운 날

그대는 나를 생각하고 있습니까?
언제쯤 오시렵니까?
가슴에 묻어야할 추억
잊히지 않는 아름다운 그대.

비가 내리는 깊은 밤에
가슴으로 그리는 그대
찻잔 속에 그대로 머물러 있는 그대
눈물빛으로 다가오는 그대.

그리운 이여, 행복하였습니다.
그대만을 기억하는.
그리움으로
겨울하늘에 편지를 부칩니다.

기다리며 바라보았습니다.
산에 올라 기다렸습니다.
그대가 그리운 날,
향기 가득한 봄바람으로 오십시오.

오늘의 만남

보이는 게 무엇입니까?

진실을 못 믿는다니
다 알면서도 시치미 떼는
나는 도대체 누구의 편입니까?

사랑이란 너무 억울합니다.

정신 못 차리는 사이
나는 큰 바위 돌을 안고
꿈속의 내일을 그리고 있습니다.

하루

오늘 날씨 참 포근하네요.
살며시 불어오는 봄바람
냇가의 촉촉한 물소리
그 소리 듣고 싶지 않으세요?

웃음이 행복을 만들어요.
오늘도 웃으세요.
당신 생각하면 행복해요
오늘도 행복한 하루 되세요.

마음을 녹여주는 숨결,
오래도록 지지 않는 향기,
입가에 번지는 미소,
오늘 하루도 행복하세요.

고향에 가는 길

때로 실수도 하는 구려.
제딴에는 열심히 사느라
돌아보지 않아
그렇게 됐소.

마음만으로는 안 되는 걸
어떻게 할까요?
이젠 큰 주름, 잔주름까지
정리하려 하오.

고향 정겨운 바람이
가슴에서 물결소리를 냅니다.

그래, 그래 사랑아

사랑아, 내 사랑아
새 생명이 태어났을 때보다
비 오는 날은
집 생각이 간절하다.

마지막 겨울
하늘 가득, 눈이 오는 날
사랑이
눈보라로 흩날리는 날

생각 없는 순간,
행복이 오는 길에 서서
바람을 신나게 맞으며
그대의 가슴을 만난다.

지는 해가 그립습니다

커피 한 잔 마신다.
따뜻한 향을 마신다.

생활에서 느끼듯이
사랑 한 잔 음미한다.

무엇을 하며 살았나?
되새기는 황혼녘.

허무를 드러내며
꿈에선 듯 걸은 하루

어둠 짙은 길목에서
불러보는 그대 이름

서산에 해를 넘기며
마음 깊이 새긴 얼굴.

* 연시조

오늘 하루도

원망하다 후회하고
산을 보며 한숨짓고

장마에 쓸려가는
휘도는 물을 따라

한평생 저 구름처럼
하루하루 마감했지.

어디에도 갈 곳 없어
떠다니는 허송세월

가슴 속의 흔적이
오늘에야 살아난다.

인생에 사랑이 머물면
네 마음도 꽃 필까.

* 연시조

서산 노을처럼

그리움에 미쳤습니다.
사랑에 사고를 쳤습니다.
가슴이 뜨겁게 요동쳐도
방지하지 못했습니다.

그래도 당신은 가겠지요.
우리 함께 가고 싶지만
행복과 사랑이란
알 수 없는 그리움입니다.

보고픈 이 안 보여도
꿈속에서 볼 수 있다면
당신 속의 내 가슴은
사랑으로 미칩니다.

당신이라서

사랑하는 당신에게 뭐랬지?
그래 그거 그거였지.

행복은 뭘 하고 있을까?
언제나 봄날 청춘 그거였지.

잊혀진 시간들

그 고운 손은 누가 처음 잡았습니까? 아직 나는 한 번도 당신 손을 잡아보지 않았는데. 사랑한 여자, 그 고운 얼굴, 예쁜 눈, 그 아담한 몸, 그 고운 입술의 주인은 누구입니까? 다정한 말과 명랑한 목소리, 당신의 예쁜 얼굴에서 눈을 돌린 적이 없지만, 벌써 당신의 입술은 떨고 있군요.

나무로 그늘진 그 길을 당신과 걷고 싶지만, 두 팔로 당신을 안고 신나는 이야기를 하고 싶지만, 당신의 고운 옷에 손을 묻고 부드러운 젖가슴을 만져보고 싶지만, 이제 보니 당신의 몸은 심하게 흔들리고 있군요. 당신을 빼앗긴 동안 부족함을 탓할 뿐, 당신의 몸을 어루만질 수는 없군요.

당신은 누구를 사랑합니까? 그 긴긴 날과 밤을 어떻게 보냈습니까? 누구와 별이 빛나는 저녁의 밤을 같이했습니까? 즐거움과 행복이 가득했습니까? 아직도 당신을 사랑하고 있소. 지금은 봄이요, 아마 여름 가을 겨울이 오고 또 봄이 오겠지요. 기다리지 않아도 세월은 계속되겠지요.

하루살이

오늘은 누군가 붙들고
나의 사랑이야기를 해야겠다.
오늘은 누군가 붙들고
차 한 잔을 나누어 보겠다.

같이 오래 있어 주면 좋으련만
차 한 잔 마시고 바로 일어나도
오늘은 차 한 잔을 마시고 싶다.

오늘은 일과 끝난 후에
소주라도 한 잔 하고 싶다.
무슨 할 이야기가 그리 많은지
지나간 삶들을 들추면
무진장 재미있을 것 같다

오늘은 그와 같이 있고 싶다
오늘 하루라도 같이 살고 싶다.

행복

삶은 사랑입니다. 삶은 즐거움입니다. 삶은 약속입니다. 삶은 기다림이구요. 일찍 자고 일찍 일어나면 건강해질 수도 있고, 부유해질 수도 있으며, 지혜로워질 수도 있습니다. 따듯한 침대로 들어가 눈을 감은 후 세상과 점점 멀어지는 것은 정말 감미롭습니다.

일찍 자면 일찍 일어날 수 있고, 하루를 힘차게 시작할 수 있게 되지요. 그 시간을 이용하여 지나간 추억의 순간과 오늘의 즐거운 일기를 쓸 수 있습니다. 내일의 꿈을 꾸며 조용히 산책 하면서 사색을 즐길 수도 있습니다. 살아있다는 것은 행복한 시간입니다.

마음의 문제지요.
난 오늘도 꿈을 꾸지요.

나야, 나야, 나

나의 사랑은 나에게
그리움을 달래주지 않았고

슬플 때
나의 사랑은 나에게 흐르는 눈물을
닦아 주지도 않았고

천둥 치고 바람 불며 비오는 날
나, 나의 사랑은
그 괴로움을 없애주지도
이 외로움을 잊게 해주지도 않았다.

한세월 내 사랑에 속아
외로움을 잊은 척하고
슬픔도 고통도 없는 척하고

사랑이여!
그렇게 긴 하루하루를 살았다.

하루의 삶

사랑하던 사람을 만나도, 감정 없는 사람들을 만나도, 새로운 만남이라는 이유로 다시 훗날을 기약하지 말자. 떠나고 싶다. 이젠 기다리는 사람도 마음에 두고 있는 사람도 없다. 내 안에 너라는 모두를 지우고 살아가야겠다.

오늘 또 헤어진다하여 슬퍼하지 말자. 너 혼자서도 사랑으로 살 수 있다. 너를 잡고 싶던 마음도, 세상 사람을 사랑하면서도, 부담스러운 오늘을 잊고 허공으로 떠나려한다. 그러면 너 자신도 쉽게 꿈속처럼 미워질 것이다.

아직도 남아 있는 말,
모두 가슴에 묻어두고 싶다.
괴곡동 공동묘지에
눈물의 가랑비가 내린다.

시간속의 방황

나는 집을 나왔어. 거리에 나온 거지. 차가운 날씨 몹시 추운 겨울, 어두침침한 외딴 거리, 깊은 도랑과 오래된 다리, 다리 밑을 바라보는 순간 나의 마음은 텅 비었어. 못 본 것을 본 걸까. 안 볼 것을 본 걸까. 한낮에는 함박눈이 내리던 즐겁고 포근한 거리 사람들이 붐벼 짜증스러우나 즐거움이 가득 차 있던 거리.

찬바람이 날카롭게 내려치고 있어.
이 추운 겨울날에
어디로 갈까 망설여지네.
살아야지, 그래 불빛을 찾아야지.

포근히 감싸주던 집을 내가 떠난 것이 아니라, 내 자신 집 밖으로 내 몰리고 있는 거지. 지금은 긴 한숨을 쉬어보지만, 잘못했으니 할 수 없지. 인생은 다 그런 건가. 내가 무얼 믿고 그런 짓을 했지. 옛정, 젊음, 아직도 정신을 못 차리고 이기심과 허영을 부리고 수치심도 없이 내가 살던 곳을 떠나려 했던가. 겨울이다.

주어진 만남

이 세상에 존재하는 한
살기 위한 사랑은
싸움이다.
살아가기 위해선
피할 수 없는 현실인데
사는 세상 어느 곳에도
상대하기 쉬운 여자는
하나도 없다.

있는 힘을
온통 쏟아 부어도
상대하기엔 힘이 부족하다.
이 세상엔
상대하기 쉬운 일은 없는가.
너보다
모두 다 강해설까,
너에게 거칠게 덤벼든다.

피할 수도 없구나.
상대해야 한다.
이 세상에서 살기위한 몸부림

살기 위해
다투며 싸우든
이 세상에 존재하기 위해
누구를 상대하든
살아있는 오늘의 결과는 뻔하다
최선을 다할 뿐이다!

낙엽을 보고서야

떠나간 후에야 알 수 있었습니다
(당신이 나에게 어떤 존재인가를)
같이 있을 때는 정말 몰랐습니다.
(그대가 나에게 머물러 있을 때는)
단지 좋은 친구에 지나지 않았습니다.

당신을 보낸 후에야 진실이 보였습니다.
내가 그대를 그리워하고 있었음을,
우리가 같이 한 작은 추억들이 이렇게
쓰리고 아픈 줄을 몰랐습니다.

그대가 떠나버린 지금에야
(당신의 존재와 당신에 대한 마음이)
사랑이었음을 알 수 있었습니다.
(이 세상에 한 번 존재한 것만으로)
나는 당신을 보내지 아니하였습니다.

4부

새천년 까치소리

왜 그리 이의가 많은가
무엇이 그리 잘못 되어서
항시 자기 편의 이익만 알고 사는가
저 넓은 법의 바다
인간들의 맑은 물과 같이
생각을 바꿔 큰 사람, 큰길로

김영란 법

문득, 받아볼 것이 없는데도
죄 지은 사람마냥
가슴이 뭉클
머리가 오싹하다.
어찌된 일인가?
어떻게 된 것인가?
그 내용이 몹시 궁금하다.
혼자 중얼대고
자기에게 묻고 대답하고
옳은 판단과 용기를 가져보지만
잘하고 있는지,
잘되고 있는지,
남들의 생각이 정리될 때
그들의 잘못된 생각에
불안한 마음을 감출 수가 없다.

청문회

열심히 따져보고
물어보면 무엇하리.

뱃속마다 비리가
가득가득 들어 있네.

했어도,
부인하고 나면
어느 누가 벌을 주랴.

알면서도 눈감는가.
오인하여 그러는가.

양심의 합의서도
손들은 증인선서도
현실의
계산 앞에서
속수무책 무너지네.

* 연시조

새천년 까치소리

무엇이 잘못 되었나,
누가, 누가 그러했나?

자기 편 이익 위해
거짓으로 분칠한다.

저 넓은 법의 바다에서
물의 순리 왜 모를까.

날마다 해가 떠도
저녁마다 달이 떠도

검은 세상 밝히려는
우리들 당찬 마음

새소리 물소리 모아
가슴마저 씻으리.

* 연시조

바람소리

거짓 없이 진솔한 이야기인데
그래도 못 믿는다면
다시 한 번
바른 소리 크게 내어야 하리.

엉뚱한 소리로 들려도
다시 꺼내 울부짖어도
약속한 이 세상
어둠을 씻으려 통곡하는 바람

진실이 빛나기를 바라네.
풀꽃이 방긋 웃기를 바라네.

세상의 벽

늦은 밤 어느 식당에 들어간다. 한 젊은 여자가 인사도 없이 물을 갖다 놓는다. "무얼 잡수실래요?" "찬 소주에 두꺼운 삼겹살." 다시 보니 아주머니가 귀엽고 예쁘다.

그래 사내는 한번 느끼한 눈길로 "생고기, 맛있는 걸로요." "이집 것은 다 맛있어요." 내 여자처럼 말을 받아주는 이집 여자, 큰 가슴이 더 맘에 든다. 자꾸만 눈길이 간다.

세상의 벽에는 흉한 낙서 천지, 길이어도 좋다. 아니어도 좋다. 우정은 높게, 사랑은 낮게, 새벽에 비를 맞고 서있는 '애인 구함' 전단지가 술 취한 듯 아래위로 흔들린다.

착각이다. 당신도 '애인 구함'인가? 세상에 남녀가 반반인데, 누군가 또, 짝을 세상의 벽에 광고하여 찾는가. 그곳에 한 여자, 취한 남자들, 그리고 흔들리는 전구가 있다.

삶이란

한 톨의 풀씨가 땅을 만나면
푸른 새싹으로 자란다.
나무들은 그 자리에 있으면서도
시원한 그늘을 넓힌다.

이것을 운명이라 하자
자연의 섭리라 하자.

생각이 없어도 붙고 떨어지는
이 원리를 사랑이라 하자.

촛불 잔치

이 세상 만물들의 삶이란 어디에서 어디로 가는가. 공동체라고 할 수 없는 강자들, 야수들만이 사는 아주 비좁은 땅이 전부란 말인가. 믿고 찾은 안식처는 이리의 소굴이었던가.

이 세상 내가 사는 곳에는
우리들이 믿을 법도
찾아볼 천사도 없다.

말도 글도 통하지 않은 귀신, 가슴이 텅 빈 자들, 솔잎을 갉아먹은 송충이만도 못한, 타인의 먹이만을 빼앗아 먹고 사는 하이에나들, 세상에는 새까만 악의 존재들이 우글거린다.

우리는

꽃과 나비는 경험이 없다.
하루하루가 새로운 날이다.
날갯짓으로 세우는 자연의 원리,
사랑이란 열매로 연결되는
나비는 행복의 문을 열까?

우리는 알고도 실수를 한다.
당신과 내가 떠다니는 풍선처럼
사랑한 순간이 없었다면
이어온 꿈조차 사라질까?
기억 속에서 사라져 버릴까?

노인시대

거울에 비친 남자를 본다.
누가 저러고 거기 있을까,

오늘도, 티브이, 신문이 보인다. 낮부터 술이 좋다. 커피가 입술에서 땡긴다. 침대가 그래도 편안하다. 여자는 잔소리를 한다. 점백이 놀이는 싸움이다. 여행은 돈이 든다. 인근 동산에 홀로 오른다. 병원에 끌려가도, 요양원은 죽어도 안 간다. 거울에 비친 남자가 밤에는 안 보인다.

내일은 꿈속에서
하늘여행을 하고 싶다.

삶

삶은 바람처럼 흘러가는
허공 속 먼지인가?
형상 없는 그림자를 쫓는
내 마음속 사랑인가?

꿈속에서 그리운 얼굴은
하늘 저편의 구름 속에 머물고
행복은 닿을 수 없는
눈빛 속에 이슬로 있습니다.

창밖에는 봄꽃들이 빛나고
그 향기가 가득 넘치는데
내 손이 닿지 않는 저편
그곳에 오늘의 새 삶이 있을까?

커피 향에 취한다

물이 끓는다.
커피향이 달콤하다.
이런 날이 올 줄이야.
행운은 왔다가도 달아난다.
붙잡으려고 노력하면 멀리 날아간다.

안 되는 줄 알고 있어도
아주 작은 호박이 줄에 매달렸다.
설명 못함,
말더듬 지남철과 같은 착각일까,
어차피 아무도 모른다.

이게 무슨 일인가?
순간, 순간을 행복이라 할까?
바람은 어디서도 시원하다.
입술에 스치는 진한 맛
그 향기에 취해 마냥 앉아 있을까?

자화상의 한 때

식장산 정상의 절벽 허공에 누군가 우두커니 서있다. 멀리 봄날의 반가운 햇살이 비치고, 가까이 봄꽃들이 피었다. 이 좋은 시절에 너는 이제 갈 곳도 있을 곳도 만날 이도 없느냐?

오직 숲속은 사랑도 행복도 가버린 허공일 뿐이다. 어둠의 산에서 길을 잃어 외로울 때 친구 하나 없는 외톨이가 된다. 마음으로는 박스 채 사다놓은 기쁨을 스스로 안주 삼는다. 동행할 누군가 그리워서 마구 붙든다.

봄날, 꽃처럼 가냘픈 너의 몸 어딘가, 힘도 없는 네 뱃속의 바보라는 큰 간은 한마디 아프다는 내색도 못하면서 그렇게 조금씩 아주 조금씩 아프면서 썩을 것이다. 그래 작은 것 하나를 잃으면 세상에 생명도 없는 것이려니.

가야할 곳은 아직 창창한데, 이미 포기한 지 오래다. 캄캄한 두려움은 빨리 오고 있으리라. 오늘 산다는 것보다 언젠가는 죽음을 생각하는 순간, 네가 바라던 행복은 날아가고 있으리라. 순간의 착각을 목전에 둔다.

바보, 바보 하면서 진짜 바보를 본 적도 들은 적도 없는 허구인 인간을 상상한다. 이젠 그에겐 두려움도 창피함도 없다. 아무런 죄책감도 없다. 희망과 행복을 맛보고 싶어 돈도 벌고 출세를 하여 누군가를 사랑하고 싶다.

그저 당신이란 착하고 예쁜 사람이 그리울 뿐이다. 오직 이 세상에 내가 만든 영화처럼 멋진 세상에 짝이란 대화상대, 친구 하나를 구하고 싶다는 일념이다. 어느 교회 간판엔 얻어먹을 힘만 있어도 사는 것이 행복이라 했다.

너는 아직 청춘인데, 마음이 어려, 누군가 손을 내밀면 뿌리치고, 누군가에 사정하면 버림받는다. 너는 스스로 낙오자가 되려는가? 이 세상에 네가 살 이유는 없다. 너 없어도 이 세상엔 살 인간들이 너무나 많다.

허공이며 낭떠러지의 한 마리 작은 새처럼 훨훨 날아 보려느냐. 저 낭떠러지에 남아있는 잡초처럼 꽃을 피워 보려느냐. 꿈이란 높은 하늘이라 여기든, 현실속의 낭떠러지라 여기든, 새처럼 나는 꿈을 꾸면서 살려느냐.

여가 시간

환하게 웃는 얼굴
따뜻한 그 목소리

생각에 잠기어서
꿈을 꾸는 그 숨소리

누군가 쳐다보았을까
긴 세월을 느낀다.

지난날은 사라지고
꿈조차 멀어지고

여닫이문 여는 소리
혼자 듣는 저 소리

시간은 저만치 찾아와
그림자를 늘이네.

* 연시조

행복한 생각

국가가 나를 위해
작은 내가 나라 위해

행복하게 살아야
사회도 번영한다.

즐거운 생활을 하면
웃는 세상 맞는다.

열심히 사는 내가
온 가족을 봉양한다.

가족이 함께 하니
사랑으로 행복하다.

건강한 몸과 정신으로
봄날 같이 환하리.

* 연시조

바람은 잠시 머물다 간다

봄날 꽃비 내리는 날은
화단으로 나선다.
꽃 지고 나면 열매가 맺히리니,
가족의 소중함도 그러하리니.

비바람 천둥치던 여름,
우리 모두 비설거지에 바쁘다.
소낙비에 옷이 젖어도,
사랑한다는 말이 없어도.

단풍이 고운 날이거나
눈이 펑펑 쏟아지는 날이거나
바람은 우리에게 다가와서
잠시 머물다 간다.

지나쳐 버린 날

몇 번인가
봄날의 실수와
행운도 없었다면
여름날의 장마 속 같은 삶
조그만 성공
가을에
쓴 열매조차
보지 못 했을 것.
오늘도
실수를 저지르며
살고 있다면
한겨울
눈보라 치는 날,
추위에 떠는 고통으로
살아야 한다.
배울 것은
내일이 있다는 것
봄이 앞에 와 있다는 것이다.

너와 나

쓰레기,
우리가 버리는 것들
거짓과 속임수,
음흉한 웃음 뒤에
숨어있는 변수
우리들의 마음속에
감추어진 비겁함들
새 아침이 되기 전에
치워버리고
보고 싶은 사람으로
우리 만나자.
만나서 손을 잡고
하나가 되자
어두운 곳은
마음의 촛불로 밝혀
진실한
너와 나의 삶일지니.

꿈만 꾸는가

사랑이 있는 꿈이었어. 지나쳐 버린 어제 저녁, 어둔 밤의 긴 꿈을 기억하고 있어. 가늘게 솜털이 떨리는 육감으로 느껴본 엄청난 가상의 현실에서 누구나 세상에 한번 살고자 하면서 신나고 재미나는 몽정을 하루 종일 꾸었지. 순간의 추억이란 작은 우주에 하루 종일 남아 있는 거.

그 또한 진한 여운으로 서로의 입술에 닿는 것이 사랑의 맛일까? 잠시 아주 작은 꽃이 피는 들국화, 하루 종일의 시간들, 행복이 있는 삶이란 그저 여름날의 바람처럼 스쳐 지나가는 이야기지. 서로가 꽃과 같이 느껴본 사랑이지. 잊어야 하나, 기억해야 하나, 종일 망설이는 게 사랑이지.

잊어버리고 싶은 기억은 내 입술에서 계속 꿈틀거리며 살아나는 이야기야. 그대 속에서 하루 종일 즐겁게 살고 있는 거야. 나의 사랑은 한 계절이 다 가고, 겨울이 다가오는 길목에서 마음이 울적한 날, 어울려 마신 한 잔의 냉수 같은 맛이었어. 바람이 삽상하다는 말, 신선한 날이었어.

누울 자리

괴곡동 공동묘지에 비가 내린다.
한 사람의 영혼을
묻기 위하여 모두들 분주하다.
먼저 간 망자들이
그 넓은 산을 차지해
단 세 평의 땅도 얻기 힘들다.
비좁은 공간을 비집어
채우고 채워 이젠 만원이다.
등산 길 멀리서 보면
봉우리마다 조화로운 명당이지만
가까이 가보면 바위 절벽뿐인
악산 바로 밑에
오늘도 인생을 마감한
누군가의 누울 곳이 정해진다.

명상 노트

1.
잊어야 한다.
잊어버려야 한다.
모든 걸 다 잊고 오직 혼자이어야 한다.
비가 온다.
빗방울이 소리 내어 운다.
오늘은 그런 날인가, 시간을 본다.
찾지 않은 사람 속에서 혼자 음악을 듣는다.
멀어져야 한다.
약속도 없어야 한다.
흐르는 물처럼 갈 곳도 없어야 한다.
서 있는 나무들처럼 한 자리에 서 있어야 한다.
밤이 다가도록 욕하면서 떠든다.

2.
가까이 하면 안 된다는 그 일들을 모조리 찾는다.
미련 없이 살겠다고 다짐을 한다.
매일 실천하지도 않으면서 무언가 재미있다.
멋있게 웃으면서 아무도 듣지 않은 헛소리를 하는가.
일을 한다 하면서 놀고, 논다하면서 무엇을 하는가.

가는 세월이 아깝다.
그러면서 쉬는 시간은 취미로 한다.
유치원생 작품을 만들고 꿈이라 한다.
알지도 못할 글을 써 내놓는다.

3.
식장산 밑 산간마을은 촌놈의 거리다.
역전광장 중앙로 거리를 가득 메운다.
사람들 속 우두커니 서서 아무도 알아보는 사람이 없다.
지나가는 여편네의 두툼한 가슴속을 그린다.
군중 속 예쁜 아가씨 얼굴을 쳐다본다.
남자 친구들이 있었다.
사내로 태어나 암놈인 짝이 있었는지 알 수도 없다.
그래 누군가 있다가 가고, 갔다가 다시 왔다.
그렇게 오고간다.
세상살이 살기가 왜 그리 쉬운가.
알면서도 고통이란 그렇게 어려운지 모른다.
너희들 참으로 편하게 산다.

4.
누굴까.
아는 이는 고마운 사람들이다.

그래 군대에서 괴롭힌 자를 찾아보자.
너나 이젠 동등하게 한번 겨루어보자.
이젠 인사를 하여야 한다.
작별의 인사를 해야 한다.
좋은 사람들과 인연으로 맺어야 한다.
그래도 끈끈한 정이란 끈을 놓아야 한다.
큰 산의 낭떠러지 큰 나무의 작은 가지가 보인다.
큰 강의 바위도 보인다.
모든 것을 버리고 강물에 뛰어내려야 한다.
마음의 결정은 그렇게 더디었다.

5
그렇게 이해한다.
나의 갈등은 앞도 뒤도 감당하기 어려울 것 같다.
그들이 스스로 포기하면 좋을 것 같다.
한 템포 늦추어 간다.
더디 가고자 한다.
살면서 괴롭게 고민했다.
시간이 지나면 그들이 이해할까 망설여진다.
생각이 있다가 사라진다.
있던 것들이 없어진다.
가진 것들이 아무 쓸 데 없는 쓰레기가 된다.
텅 빈 머리가 어지럽다.

새소리 물소리 사람들의 웃는 소리가 들린다.
어디선가 들리는 것 같다.

6.
가야지 하면서도 식장산을 향한다.
건강해 보이려고 운동을 일삼는다.
하늘같은 높은 벽을 오른다.
두 발이 움직이질 않는다.
꿈속의 아름다운 여행은 계속된다.
상상속의 일, 아니 현실이다.
오래 버티려면 마시지 말자고 다짐을 한다.
피우면 안 된다고 우기면서도 마시면서 피운다.
막사는 다 떠난 공간이다.
어딘가 그림자 되어 그들은 어른이 된다.
눈인사를 한다.
반갑게 허리를 굽혀 하늘을 본다.

7.
장사는 이미 파하고 일은 끝났다.
탈출이다.
자유다.
인생살이 저거다.

아니다.
실패다.
왜 그렇게 살아야 하나, 너 자신도 알지 못한다.
처음부터 단거리 백 미터 계주를 한다.
힘 있다고, 젊다고 폼 나게 달린다.
길고 긴 여행길은 마라톤 경주인가.
요령도 재주도 없는 끈기로 버틴다.
힘이 없어 종착지에 이르지도 못한다.
무리가 되어 푹 쓰러진다.

8.
출세 사랑 성공 돈을 가지려고 주저앉는다.
아주 작은 성공도 실패도 못해 본 인간들이 있다.
기진맥진 지쳐 버린 낙오자가 있다.
저 잘 뛰는 운동선수도 아니다.
무얼 믿고 좁은 세상을 넓게 저리 뛰어다니는가.
알 수 없는 인생의 무한의 경주는 아직도 끝이 없다.
지금부터 시작하라.
성공도 실패도 없는 것이 인생이다.
하루를 살다 가든 백 살을 살든 지나가게 마련이다.
바람처럼 흔적도 없는 것이 삶이다.
무엇이 두려운가.

한 번 붙어보자.
지고 이기는 것은 해봐야 안다.

9.
허전한 날이다.
일이 계획대로 풀리지 않는다.
처음에는 무리라고 생각지 않았다.
배려하는 마음 그 말을 믿지 못한다 해도 믿고 싶다.
자리를 옮기고 택시를 타고 오고 간다.
느끼는 그런 감정과 인간으로 다가온다.
세상 사람들 모두 그런 생각일 것이다.
세상을 얻는 것은 별것 아니다.
친구에게 잃어버린 것은 아주 크다.
실수라면 반성하면 된다.
약물중독으로 정신이 멍한 날이다.
인생이 허무하다는 것을 느끼는 날이다.
욕망이 있다면 원망도 있다는 것을 알아야 한다.
날은 덥고 마음은 조급하다.
시간은 느리게 흘러가고 있다.

10.
새벽 역에서 보는 드라마는 아직도 재미있다.

매일 보는 신문도 볼 것이 있다.
라디오로 듣는 소식에도 귀를 기울인다.
친구가 한 잔 하자는 말에 눈이 번쩍인다.
내일의 출근 준비를 한다.
커피를 마시면서 또 하루를 버티어야 한다.
분명 가고자 하나 보내는 이는 없다.

향토적 정서로 빚은 삶의 통찰력

— 이찬로 11시집 작품을 중심으로

문학평론가 리 헌 석
(사) 문학사랑협의회 이사장

1.

이찬로 시인은 1946년에 충청북도 옥천군 군서면 사양리 290-1번지에서 출생하고 성장한다. 그의 고향 '서성골'은 대전광역시 동구와 '식장산' 능선을 경계로 하고 있다. 그의 성장기에는 옥천 읍내보다 대전을 생활권으로 살던 터여서 군서초등학교, 옥천중학교, 대전농업고등전문학교를 졸업한 후 방송대에서 법학을 전공한다. 고향 사람들은 나뭇짐이나 농산물을 지게에 얹어 대전의 시장에 팔아 어려운 생활을 하였다고 추억한다.

그는 1967년, 전문대학을 졸업하기 전에 공무원 시험에 합

격하여 교복을 입고 첫 출근을 하였다고 회상한다. 2007년 정년퇴임에 이르기까지 40년을 충청남도 대덕군과 대전광역시 공무원으로 근무할 만큼 성실한 자세를 견지한다. 특히 읍 · 면 동사무소, 구청, 사업소, 시청의 공무원으로서 봉사행정을 솔선수범하여 주민의 칭송이 따랐던 것은 물론이다.

그는 대전에 삶의 터전을 마련하고 살면서 가까운 고향을 자주 찾는다. 부모님을 비롯한 가족들과 친지들, 친구들과 정을 나누기 위해 찾아간 고향은 그에게 있어 서정의 보고(寶庫)였을 터, 여기에서 체득한 정서가 그의 작품에 투영되어 나타난다. 특히 작은 풀 하나, 꽃 한 송이, 나무 한 그루, 그리고 만나서 눈빛을 나누는 사람들을 통하여 따스한 정서를 환기한다.

작은 단풍나무
아침 햇살에 여린 잎을 흔들며
반갑게 인사를 합니다.

누가 심었는지
언제 자랐는지
제법 발그레한 초등학생 볼처럼
생기 넘치게 반짝입니다.

그 옆에 서서 하루를 묵상합니다.
어린 것이
상처입지 말고 자라라고
오늘도 행복하라고 기도합니다.

푸른 5월, 이슬이 차갑고
아침바람이 서늘해도
좋은 사람처럼 웃고 있는
작은 단풍나무와 눈빛을 나눕니다.

어수선한 세상에 지친 나도
여린 잎에서 반짝이는
윤슬처럼 저렇게 흔들리고 싶습니다.

—「좋은 사람처럼」 전문

시인은 5월의 어느 날 아침에 작은 단풍나무를 만난다. 대부분 무심히 지나치게 마련이지만, 감수성이 섬세한 시인은 '작은 단풍나무'에 문학적 생명을 부여한다. 주제가 겉으로 드러나지는 않지만, 정겹고 따스한 시인의 정서가 놀라운 감동을 생성(生成)한다. 단풍나무가 〈아침 햇살에 여린 잎을 흔들며〉 인사를 하고, 이에 화답하여 그 나무가 잘 자라라고 묵상하는 시인, 그리고 '좋은 사람처럼' 서로 눈빛을 나누며 〈여린 잎에서 반짝이는 윤슬처럼〉 맑고 밝게 생활하겠다는 시인의 자세가 오롯하다.

그가 문단에 입문하게 된 계기는 공무원으로서 충실한 자세에 기인한다. 1995년에 대전광역시 홍보지 『까치소리』에 시 「제2행정수도 대전광역시」를 발표하면서다. 이를 계기로 대전에서 최장수 동인지로 인정받으며 가장 활발하던 『시도(詩圖)』 동인회의 멤버로 활동하게 되고, 좋은 작품을 빚으려는 의지와 연찬을 거쳐, 1998년에 계간 『문예한국』 신인상에 3편의 시가 당선되어 등단한다.

그는 대전을 중심으로 활동한 『한국시단』의 대표를 맡아 회지를 발간하였고, 20여 년간에 10권의 시집을 발간한 바 있다. 『그 사람 그가 하고픈 이야기』 『까치소리』 『한밭의 까치소리』 『그 세 번째 까치소리』 『새천년 까치소리』 『너와 나의 까치소리』 『몰래 보는 까치소리』 『고향집 돌담장 애호박은 늙지 않는다』 『둥지 떠나온 까치소리』 『까치도 말을 한다』 등에 이어 2017년에 11시집 『바람은 잠시 머물다 간다』를 발간하기에 이른다. 현재 대전광시 동구문학회 회장으로 봉사하고 있는 그는 한국 고유의 정서를 내재하고 있는 '까치소리'에 집중하는 시인으로 유명하다.

2.

이찬로 시인은 고향의 까치소리를 잊지 못한다. 살고 있는 대전광역시 동구와 그의 고향은 식장산 오솔길로 지척이다. 물리적 거리는 가깝지만, 고향을 떠난 사람들의 정서적 거리는 늘 멀게 마련이다. 특히 고희(古稀)를 넘긴 시인에게는 만날 수 없는 사람들에 대한 정서가 애틋하다. 자랄 때 곁에 있던 숲과 자연들을 볼 수 없어, 시인의 예민한 감각은 상실의 정서를 작품에 투영한다.

그는 살면서 '어머니' 생각이 나면 고향을 찾는다. 농사를 지으면서 자녀들을 양육한 어머니의 사랑과 정성이 나이가 들수록 절절하게 그립다. 9남매의 맏이로서, 가족들에 대한 관심과 사랑 때문에, 그리고 조상을 섬기는 여러 일들로 인해, 그는 자주 높은 산을 넘어 고향으로 간다. 〈고향 가는 길, 골령재를 넘는다. 내 꿈은 이어지고, 땀방울 식혀줄 샘번지의 약수로 목을 축이며 정상에 오르면 시원한 바람이 반긴다.〉고 「어머니 생각」에서 노래한다. 시인은 이러한 그리움을 여러 작품에 담아내고 있다.

꿈이 서린 고향이 그립다.
보고 싶은 사람은 떠나고
추억의 그림자만 맴돌아도
어머니 품속이 그립다.

우리 집은 서화 팔 명당,
원초적 향수를 자아내는
마을 뒤 세 봉우리에 제자들을 앉히고
초당에서 글을 가르치시던 아버지.
맑은 시냇물에 빨래하던 여인네들
다슬기 잡던 꼬마 계집애들,
어둠 속에서 귀뚜라미 애타게 우는데
보름달은 그녀의 마음을 읽었을까.

예쁘고 다정하던 사람,
다 지나간 세월인데
어머니도 그녀도 없는 고향 길을 나는
오늘도 꿈꾸듯이 그 길을 걷는다.

—「고향 서성골」 전문

이 작품을 읽으면 시인의 고향이 눈에 보인다. 초당에서 글을 가르치시던 아버지 모습도 보이고, 맑은 시냇물에 빨래하던 여인네들도 보이고, 개울에서 다슬기를 잡던 여자 친구들의 모습도 보인다. 그 중에 〈귀뚜라미 애타게 우는데/ 보름달은 그녀의 마음을 읽었을까〉에서 '그녀'는 손 한 번 잡지 못하고 떠나보낸 짝사랑의 대상으로 보인다. 몇몇 작품에서 유추하면 이런 그림이 그려진다. 시인은 짝사랑이어서 더 애틋하였을 터이다.

그는 작품 「골령재에서」 고향 가는 길을 그린다. 〈어린 시절 대전 장에 가신 어머니와 멀리 가 계신 아버지를 생각하며 이 재를 꿈처럼 넘고 넘었습니다.〉 〈고등전문학교에 다닐 때는 어머니가 그리워서 밤낮없이 이 고개를 넘었습니다. 어느 때는 몸 무거운 아내를 앞세워 고집스레 이 재를 넘나들었습니다.〉 〈걱정거리가 있을 때는 어김없이 이 재를 넘나드는 꿈을 꾸기도 합니다.〉 시인은 아내와 함께 고개를 넘어 고향에 가는데, 그 고향은 아내의 어머니 고향이기도 하다. 자신과 아내를 맺어준 분들이 같은 마을에 살던 어머니와 장모님이다. 두 분이 약조를 하여 군에서 제대를 하자마자 결혼에 이르러 평생의 반려자가 된다. 그 장모님이 별세한 슬픔을 그린 시가 다음의 작품이다.

> 화창한 봄날 3월 첫 주 일요일
> 현충원 너른 뜰에 한 송이 꽃이 피었습니다.
>
> 6.25 의 비극, 은하수, 뜨거운 세상살이
> 한 줌의 재로 남았지만, 영혼은 영원합니다.

신탄진 산속 맑은 공기의 도움도 잠시
돌아가는 길, 천사를 따라 가셨습니다.

판암동 4단지의 겨울은 매년 그렇게 추웠고
80대 노구의 하루는 더디어도 삶은 짧았습니다.

아내의 어머니로, 부족한 사위의 장모로
영원한 핏줄로 연결된 인연이셨습니다.

정유년 삼일절, 오늘은 당신의 슬픈 꽃밭에서
온 가족이 절절한 눈물로 배웅합니다.

—「새 꽃이 피었습니다」 전문

〈장모님의 영전에 이 시를 바칩니다.〉라는 헌사(獻辭)가 붙은 이 작품은 평생 가까이에서 모신 분의 별세로 인한 애끓는 조시(弔詩) 성격을 띤다. 아내의 아버지는 6.25때 전사하여, 아내와 처남은 홀어머니 슬하에서 자란다. 〈현충원 너른 뜰에 한 송이 꽃이 피었습니다.〉에 이어 〈6.25의 비극, 은하수, 뜨거운 세상살이〉라고 앞뒤 조사를 생략한 부분에서 처가의 상황이 명징하게 드러난다. 아내의 남동생은 유복자(遺腹子)여서 아버지의 얼굴도 모른 채 성장하였다하니, 세 가족의 삶은 '은하수' 건너에 있는 아버지를 그리워하는 애상의 세월로 추정된다.

그의 장모님은 시인 부부가 사는 이웃으로 함께 이사 다니며 노년을 의탁하셨다고 밝힌다. 출가한 딸이지만, 가까이 살고자 하는 어머니의 외로움, 그 외로움을 달래드리기 위해 자주 찾아뵙던 시인 부부가 장모님의 '마지막 길'도 외롭게 지킨다. 외로운 길에 조화(弔花)가 도열해 있고, 그 중 하나를 현충원 묘소 앞에 놓는다. 그래서 시인은 〈새 꽃이 피었습니다〉라는 역설적 제목을 붙인 듯하다. 장모님과의 인연은 아내로 귀납된다. 그리하여 작품 「한 여름밤의 꿈」 「꽃나무를 보며」 「아무도 없는데」 등을 노래한 것 같다.

3.

무릇 시인은 자신의 내면을 작품에 반영한다. 개인에 머무는 정서, 사회적 이슈, 국가와 민족에 대한 관심, 삶과 죽음에 대한 관조 등 다변적 제재를 통해 자신의 사상과 정서를 작품에 담아낸다. 그런 연유로 시 1편에 온 우주를 담아내는 권능을 부여받는다. 작은 우주거나 큰 우주거나 낱낱의 우주는 그 나름의 의미를 내포한다. 또한 독자들과 함께 작품의 외연을 넓히게 마련이다.

이찬로 시인 역시 다양한 소재로 다양한 작품을 빚는다. 그러나 그가 집중하는 제재와 관심사는 몇몇으로 귀납된다. 공간적 제재는 고향과 삶터를 이어주는 식장산일 터이고, 사물에 대한 제재는 '까치'일 터이다. 특히 까치는 사람들과 더불어 살면서, 우리 겨레의 민담에서 '기쁜 소식의 전령사' '위급한 생명을 구하는 의로운 동물'로 인식되고 있다. 그는 삶의 희로애락(喜怒哀樂)을 까치에 의탁하기도 하고, 세상의 여러 일과 사건들을 에둘러 표현할 때 자신의 대역으로 활용

한다. 이런 제재로 빚어진 작품이 여러 편인데, 식장산과 까치를 통해 소망의 시심을 승화하기도 한다.

고향 생각 간절하면
식장산을 찾는다.

청랑한 물소리는
사랑이고 희망이다.

해돋이 마중하면서
목청 높인 새 다짐.

식장산을 걸으면서
외로움도 날린다.

산새 노래 들으면서
슬픔까지 나눈다.

그리움 다시 살리며
눈빛 초롱 새벽별.

—「식장산의 까치소리」 전문

식장산 해돋이는 정상 근처에서 하지만, 대전에서 산기슭을 올라 시인의 고향 옥천으로 넘어가는 고개에서도 해돋이를 한다. 그리운 고향 생각이 나서 시인은 새해맞이 '해돋이 행사'에 참여한 듯하다. 산의 능선에서 기다리면 동쪽에서 해가 떠오른다. 청랑하게 노래하는 계곡의 물소리를 들으며 시인은 사랑과 희망을 가슴에 새긴다. 해돋이를 하면서 새해의 소망을 빌기도 하고, "야호!" 목청을 높이며 새로운 다짐을 외치기도 한다. 외로움과 슬픔까지 모두 날려 버리고, 마음에 새로운 소망과 그리움을 담는다. 이때 시인에게 '눈빛 초롱한 새벽별'이 찾아오고, 이를 맞는 자신을 까치에 의탁한다.

이 작품은 우리 겨레의 대표적 정형시 '시조'다. 단형시조를 주로 빚던 우리 겨레는 단형의 한계를 극복하기 위해 엇시조, 사설시조를 창안한 바 있다. 현대에 이르러서도 단형의 한계를 극복하기 위해 연시조, 사설시조를 빚어 문학성을 확장하고 있다. 이찬로 시인은 11시집에서 2연시조 10여 편을 선보이고 있는데, 이는 우리 겨레문학의 뿌리를 찾으려는 의식의 발로(發露)로 보인다. 이렇게 시작된 시조 짓기를 통해 이찬로 시인은 우리 겨레의 문학적 본질에 다가가려는 듯하다.

열심히 따져보고
물어보면 무엇하리.

뱃속마다 비리가
가득가득 들어 있네.

했어도,
부인하고 나면
어느 누가 벌을 주랴.

알면서도 눈감는가.
오인하여 그러는가.

양심의 합의서도
손들은 증인선서도
현실의
계산 앞에서
속수무책 무너지네.

—「청문회」 전문

대한민국 국회의 무한(?)한 권능은 '상시 청문회'까지 제정하고, 사안에 따라 '특별청문회'도 열어 당사자(증인)들을 압박한다. 청문회의 본질은 당사자로부터 '듣고 보는 모임'인데, 국회의원들은 무소불위의 칼을 휘두른다. 물음에 답을 하려고 하면, "증인은 답변을 하지 않아도 된다."고 소리치니, 청문회를 개최하는 근본이 흔들린다. 당사자가 답변을 강행하려고 해도 호통을 치면서 말을 막는다. 자신의 훈계를 들으라는 태도에 국회 무용론까지 대두되는 세상이다.

한편, 당사자(증인)의 태도 역시 문제다. 이찬로 시인은 이 작품에서 증인들의 태도에 대한 비판의식을 담아낸다. 〈했어도/ 부인하고 나면/ 어느 누가 벌을 주랴〉 〈양심의 합의서도/ 손들은 증인선서도// 현실의/ 계산 앞에서/ 속수무책 무너지네〉 등에서 보이는 것은 철면피한 증인에 대한 비판이다. 한편 〈알면서도 눈감는가/ 오인하여 그러는가〉에서는 국회의원을 비판한다. 현대적인 사안을 역사와 전통이 어린 겨레시에 담아낸 것만으로도 그의 작업은 유의미(有意味)

하다. 이는 시 창작의 지평을 넓히려는 그의 지향으로 보인다.

4.

이찬로 시인은 조용한 미소로 일관하는 사람이다. 누가 뭐라고 해도 잔잔한 음성으로 겸손하게 응대하는 시인이다. 상대가 있는 다툼에서도 손해를 보고 마는 시인이다. 후배들에게도 높임말을 하는 시인이다. 그리하여 이찬로 시인과 다툼이 있으면, 사람들은 그 상대가 잘못한 것이려니 짐작하게 하는 사람이다. 그렇다고 '바람 풍 바담 풍' 하지 않는 시인이다. 자신의 심지는 곧게 지키면서 사리를 분별하는 시인이다.

그렇지만, 절대적 관점에서 보면 그의 약점도 드러날 것이고, 자신이 돌아보아도 후회할 일들이 있을 터이다. 그도 사람이어서 세상을 살아가며 서운한 때도 있었을 터이지만, 그는 조용히 포기하거나 다툼을 돌아서 가는 것 같다. 사회에서 벌어지는 여러 일들, 특히 정치판에서 벌어지는 일들에는 비판적 시각을 견지하지만, 그들이 스스로 깨닫기를 소망하는 시인이다. 그래서 시인은 자연 속에서도 동질적 자세를 취하는데, 이런 내면이 작품에 투영되어 나타난다.

봄날 꽃비 내리는 날은
화단으로 나선다.

꽃 지고 나면 열매가 맺히리니,
가족의 소중함도 그러하리니.

비바람 천둥치던 여름,
우리 모두 비설거지에 바쁘다.
소낙비에 옷이 젖어도,
사랑한다는 말이 없어도.

단풍이 고운 날이거나
눈이 펑펑 쏟아지는 날이거나
바람은 우리에게 다가와서
잠시 머물다 간다.

—「바람은 잠시 머물다 간다」 전문

그의 11시집 제목이기도 한 이 작품에서 보면, 사물을 인식하는 과정에서 빛나는 시인의 관조(觀照)를 목격한다. 환하게 피어 있던 꽃이 떨어져 흩날리는 '꽃비'를 보면서도 시인은 애이불비(哀而不悲)의 평정심을 유지한다. 〈꽃 지고 나면 열매가 맺히리니,/ 가족의 소중함도 그러하리니.〉라며 꽃이 지는 안타까움을 열매로 보상받는 심리적 접근에 이른다. 한편 비바람이 불고 소낙비가 내리는 날에 〈우리 모두 비설거지에 바쁘다.〉며 가족의 공동체 의식을 표현한다. '바람'은 꽃잎만 떨어뜨리는 것이 아니라, 고운 단풍을 떨어뜨리기도 하고, 겨울에 하얀 눈을 날리며, 여러 정황을 만들지만, 잠시 머물다 가는 것이라는 자연의 이치를 깨닫는다.

관조적 시각을 유지하는 시인이지만, '그리운 그대' 앞에서는 무너질 수밖에 없는 서정적 인물이기도 하다. 물론 자신의 기본자세는 유지하면서, 그로 인해 더욱 안타까운 그리움을 환기한다. 내면의 평형을 유지하면서도 절실한 사랑의 세레나데를 작품화한다.

> 그대는 나를 생각하고 있습니까?
> 언제쯤 오시렵니까?
> 가슴에 묻어야할 추억
> 잊히지 않는 아름다운 그대.
>
> 비가 내리는 깊은 밤에
> 가슴으로 그리는 그대
> 찻잔 속에 그대로 머물러 있는 그대
> 눈물빛으로 다가오는 그대.
>
> 그리운 이여, 행복하였습니다.
> 그대만을 기억하는.
> 그리움으로
> 겨울하늘에 편지를 부칩니다.
>
> 기다리며 바라보았습니다.
> 산에 올라 기다렸습니다.
> 그대가 그리운 날,
> 향기 가득한 봄바람으로 오십시오.
>
> ─「그대가 그리운 날」 전문

그대는 〈가슴에 묻어야할 추억〉을 나눈 대상이다. 그리하여 시인의 내면에 〈잊히지 않는 아름다운 그대〉로 남아 있다. 가상이지만 시적 대상과 인연이 되어 살았다면, 이와 같은 그리움은 존재하지 않았을 터, '아름다운 그대'는 현실 속에서 가뭇없이 사라졌을 터, 그러나 현실에서 맺어지지 않았기 때문에 그리움은 영원한 향수로 남는다. 말하자면, 그 대상은 〈비가 내리는 깊은 밤에/ 가슴으로 그리는 그대/ 찻잔 속에 그대로 머물러 있는 그대/ 눈물빛으로 다가오는 그대〉로 남아 있게 되는 것이다.

시인은 그 시적 대상에게 전할 사연을 '겨울하늘'에 편지로 부친다. 현실의 우편물이 아니고, 그대가 있는 먼 곳을 향하여 마음의 편지를 전한다. 그 편지를 받거나 받지 않거나 무관하게 자신의 그리움을 전하는 것으로 시인은 자족한다. 그러면서 봄이 되면 봄바람이 불어오듯이 그대가 찾아오기를 간절히 소망한다. 이와 같은 절실한 그리움이 이찬로 시인을 시인답게 한다. 그리하여 더 많은 작품을 창작하게 작용하여, 독자의 가슴에 감동의 물결을 일으킬 것이다.

5.

이찬로 시인은 산촌에서 힘겹게 성장하고, 40여 년간 공무원으로 봉직하느라 자신을 돌아볼 여가를 얻지 못한다. 2007년에 정년퇴임을 맞으면서 생활이 자유스러워지고, 이에 따라 내면도 평온해졌을 터이다. 이때부터 자연과 좀 더 가까이에서 만나고, 자연을 통해 삶의 이치를 궁구(窮究)한다. 또한 이를 통해 삶에 대한 철학적 깨달음에 이르기도 한다. 때로는 자연과 '사람살이'의 유사성을 작품화하는데, 이런 작품은 비유와 상징을 동반하게 마련이다.

> 한 톨의 풀씨가 땅을 만나면
> 푸른 새싹으로 자란다.
> 나무들은 그 자리에 있으면서도
> 시원한 그늘을 넓힌다.
>
> 이것을 운명이라 하자
> 자연의 섭리라 하자.
>
> 생각이 없어도 붙고 떨어지는
> 이 원리를 사랑이라 하자.
>
> —「삶이란」

단형의 작품에 비유적 우주적 질서를 담아내고 있다. 풀씨가 떨어지면 땅과 결합하여 싹이 돋아 자란다. 또한 나무들은 같은 자리에서 성장하여 시원한 그늘을 넓힌다. 이와 같은 상생의 관계는 운명이기도 하다. 과학적으로는 자연의 섭리일 터이다. 의도성이 없어도 만나고 헤어지는 것이 바로 '사랑'이다. 이렇게 주석을 달지만, 작품을 읽는 독자들은 자신만의 해석에 의해 다양한 감동으로 다의적 깨달음에 이를 것이다.

이찬로 시인이 쓴 산문시 계열의 작품은 대부분 직설적이다. 비유와 상징에서 벗어나, 서경묘사와 서술을 중심으로 자연스럽게 표출한다. 독자들 역시 읽으면서 바로 시인의 내면을 공유하게 된다. 그러나 단형의 작품이나 간결한 형태의

시에서는 비유와 상징에 의해 모호성을 유지한다.

하나에 또 하나를
더하면 둘이 될까?
하나에서 하나 빼면
영이 되어 고독할까?

곱하고 나누는 것이
우리들의 인생사.

정 하나에 합치거나
작은 정에서 빼거나

꿈 하나에 곱하거나
작은 꿈에서 나누거나

있어도 없는 것처럼
마음 새긴 무소유.

—「구름이 가는 길」 전문

이 작품의 '구름'은 하늘에 떠 있는 구름 자체일 수도 있고, 우리의 삶을 구름에 의탁한 보조관념일 수도 있다. 어떠한 경우라고 하더라도, 이 작품은 산술(算術)과 정서의 경계에서 인간의 삶을 조감하는 것으로 해독(解讀)된다. 2연시조의 첫 수 종장에서 인간의 삶은 더하기도 하고 빼기도 하지만 〈곱하고 나누는 것이/ 우리들의 인생사〉라고 정리한다. 평범한 사람들은 작은 수를 더하거나 뺄 터이고, 비범한 사람들은 곱하거나 나누는 삶을 살아낼 터이다. 이 작품의 핵심은 둘째 수일 터이며, 그 중에서도 종장 〈있어도 없는 것처럼/ 마음 새긴 무소유〉를 찾아 구름에 의탁한 것은 놀라운 통찰력의 소산이다.

이찬로 시인은 최근에 자연이나 생활 속의 작은 사물에서 삶의 이치를 찾아내어 작품화하는 경향이 짙다. 치열하게 살아온 삶을 반추하고, 현재 자신을 돌아보며, 앞으로 살아갈 자세를 가다듬는 것으로 보인다. 이런 자세를 견지하는 한, 다양한 감동을 생성(生成)하여 많은 독자들과 공감대를 형성할 것이다. 이런 믿음으로 이찬로 시인의 11시집 작품 감상의 여로를 접으며, 그의 새로운 작품을 기대한다.

바람은 잠시 머물다 간다

이찬로 시집

발 행 일 | 2017년 3월 21일
지 은 이 | 이찬로
발 행 인 | 李憲錫
발 행 처 | 오늘의문학사
출판등록 | 제55호(1993년 6월 23일)
주　　소 | 대전광역시 동구 대전로 867번길 52(한밭오피스텔 401호)
전화번호 | (042)624-2980
팩시밀리 | (042)628-2983
전자우편 | hs2980@hanmail.net
카　　페 | cafe.daum.net/gljang(문학사랑 글짱들)

공 급 처 | 한국출판협동조합
주문전화 | (070)7119-1752
팩시밀리 | (031)944-8234~6

ISBN 978-89-5669-808-3
값 9,000원

* 이 책은 교보문고에서 E-Book(전자책)으로 제작하여 판매합니다.
* 잘못 제작된 책은 바꾸어 드립니다.